AF230366

LA GRANDE BIBLE,

OU NOUVEAU RECUEIL

DES NOELS

VIEUX ET NOUVEAUX,

POUR LA PRÉSENTE ANNÉE.

Composés à l'honneur du Triomphe

DE JÉSUS-CHRIST NAISSANT.

A BORDEAUX,

DE L'IMPRIMERIE DE MOREAU,

rue Porte-Dijeaux, n°. 69.

APPROBATION

DE MONSEIGNEUR
L'ARCHEVÊQUE DE BORDEAUX.

Nous, Charles-François d'Aviau Dubois de Sanzay, par la grâce de Dieu et l'autorité du Saint-Siége apostolique, Archevêque de Bordeaux, avons lu le présent Recueil, et n'avons rien trouvé qui puisse en empêcher l'impression.

Bordeaux, le 30 Août 1813.

✝ CHARLES-FRANÇOIS,
Archevêque de Bordeaux.

AVIS DE L'ÉDITEUR.

Nous avons l'honneur de prévenir nos lecteurs que, d'après l'avis de Monseigneur l'Archevêque de Bordeaux, nous avons supprimé, de l'ancienne edition, huit Noëls qui ne devaient point figurer dans ce Recueil; nous les avons remplacés par dix autres Noëls nouveaux qui n'ont pas encore parus, dont les airs sont très-agréables. On les reconnaîtra, en tête de chacun, par cette marque, (1), (2), (3), etc.

NOELS
VIEUX ET NOUVEAUX.

A la venue de Noël,
Chacun se doit bien réjouir,
Car c'est un testament nouvel
Que tout le monde doit tenir.

Quand, par son orgueil, Lucifer
Dedans l'abyme trébucha,
Nous allions tous en enfer,
Mais le Fils de Dieu nous racheta.

En une vierge s'obombra,
Et en son corps voulut gessir ;
La nuit de Noël enfanta,
Sans peine et sans douleur souffrir.

Incontinent que Dieu fut né,
L'ange l'alla dire aux pastours,
Qui se prirent tous à chanter,
Sonnant chevrettes et tambours.

Après un bien petit de temps,
Trois Rois le vinrent adorer,
Apportèrent myrrhe et encens,
Et or qui est fort à priser.

A Dieu le vinrent présenter,
Et grand honneur lui offrir :
Trois jours et trois nuits sans cesser,
Les gens d'Hérode le poursuivirent.

Une étoile les conduisait
Qui venait de vers l'Orient,
Et à tous elle démontrait
Le chemin droit en Bethléem.

Là virent le doux Jésus-Christ,
Et la mère qui le porta,
Celui qui tout le monde fit,
Et le pécheurs ressuscita.

Bien apparut qu'il nous aima,
Quand à la croix pour nous fut mis,
Dieu le père qui tout créa,
Nous donne à la fin Paradis.   *Amen.*

NOEL POUR L'AVENT.

Sur les airs : *Laissez paître*, etc., ou *Rébeillats-
bous*, *Maynades*, etc.

Venez, divin Messie,
Sauvez nos jours infortunés ;
Venez, source de vie,
Venez, venez, venez.
Ah ! descendez, hâtez vos pas ;
Sauvez les hommes du trépas,
Secourez-nous, ne tardez pas ;
Venez divin Messie,
Sauvez nos jours infortunés ;
Venez source de vie,

Venez, venez, venez.

Ah ! désarmez votre courroux ;
Nous soupirons à vos genoux.
Seigneur nous n'espérons qu'en vous :
Pour nous livrer la guerre,
Tous les enfers sont déchaînés ;
Descendez sur la terre,
Venez, venez, venez.

Que nous souffrons de maux divers,
L'affreux tyran nous tient aux fers,
Nous entraîne dans les enfers :
Vous voyez l'esclavage
Où vos enfans sont condamnés ;
Conservez votre ouvrage,
Venez, venez, venez.

Eclairez-nous divin flambeau,
Parmi les ombres du tombeau,
Faites briller un jour nouveau ;
Au plus affreux supplice,
Nous auriez-vous abandonnés ?
Venez, Sauveur propice,
Venez, venez, venez.

Que nos soupirs soient entendus ;
Les biens que nous avons perdus
Ne nous seront-ils point rendus ?
Voyez couler nos larmes ;
Grand Dieu ! si vous nous pardonnez,
Nous n'aurons plus d'alarmes,
Venez, venez, venez..

Si vous venez en ces lieux,
Nous vous verrons victorieux,
Fermer l'enfer, ouvrir les cieux ;

Nous l'espérons sans cesse ,
Les Cieux nous furent destinés ;
Tenez votre promesse ,
Venez , venez , venez.

Ah ! puissions-nous chanter un jour ,
Dans votre heureuse Cour ,
Et votre gloire , et votre amour ;
C'est là l'heureux partage
De ceux que vous prédestinez ;
Donnez-nous-en le gage ,
Venez , venez , venez.

AUTRE NOEL

Sur l'air : *des Pélerins.*

Nous sommes trois souverains Princes
   de l'Orient ,
Qui voyageons de nos provinces
   en Occident ,
Pour saluer le Roi des Rois ,
   à sa naissance ,
Et recevoir les belles lois
   que donne son enfance.
Apprenez-nous , peuple fidelle
   de ce beau lieu ,
Si vous savez quelque nouvelle
   du Fils de Dieu ;
Enseignez-nous par charité ,
   quel est le Louvre
-Qui cache la Nativité
   que le Ciel nous découvre.

Nous voulons rendre nos hommages
à sa bonté,
Et saluer tous trois, en Mages,
sa Majesté :
Nous lui portons pour tout présent,
nos diadêmes,
Avec l'or, la myrrhe et l'encens,
pour nous offrir nous-mêmes.
Le firmament, dessous le voile
de cette nuit,
Découvre une brillante étoile
qui nous conduit.
Nous nous guidons par les beaux feux
qu'elle fait naître ;
Pour tâcher d'accomplir nos vœux,
adorons donc notre maître.
Suivons-le donc, puissant Monarque,
dans tous les lieux,
Puisque ce sont de vraies marques
du Roi des cieux ;
Suivons ces beaux chars attelés
qu'on voit reluire ;
Ils ont paru sur nos Palais,
afin de nous conduire.
Mais où court toute cette foule,
près de ce bois ?
Il semble que la terre roule
sous un tel poids :
Ne voyez-vous point des étrangers,
tout pêle et mêle,
Et une troupe de bergers
qui chantent avec zèle ?

Hélas ! pour admirer la fête
    de tant de gens ,
Je vois qu'une étoile s'arrête
    sur ces paysans :
Serait-ce bien ce petit lieu ,
    sans couverture ,
Qui nous cache le Fils de Dieu ,
    dessous notre nature ?
    Faites- nous quelque peu de place ,
    nos chers amis ,
pour voir ce Fils rempli de graces ,
    s'il est permis :
Nous venons trois à même temps
    de l'Arabie ,
Pour consacrer quelques présens
    à ce beau fruit de vie.
    Grand Dieu ? de qui tout notre empire
    chérit les lois ,
Nous sommes (l'oserons-nous dire ?)
    trois petits Rois ,
Qui venons rendre ce devoir
    à votre enfance ,
Lui présentant notre pouvoir
    et notre obéissance.
    Nous vous portons dans ces trois boîtes
    quelques présens ,
Et vous offrons avec nos têtes
    un peu d'encens :
Agréez donc ce trésor ,
    pour nos hommages ,
Et recevant la myrrhe et l'or ,
    bénissez les trois Mages ,

NOEL sur l'air : *Laissez paître vos bêtes.*

Rébeillats bous, maynades,
Canten Nadau alégrément,
Lou hillet de Marie,
Nous bau dau saubement.   Rébeillats.
   En Bethléem , noble ciutat,
Lou bon Joseph s'en es anat,
L'Empéradou l'abé mandat,
Que ménesse Marie,
Qu'erés grosse d'un bet Gouyat ;
Mes en toute la bille
Noun a logis troubat.   Rébeillats.
   En l'estable de Berdòlet,
Marie agut un bet hillet,
Tant beroyet tant rousselet,
Ay grand pan d'une cause ,
Que si Joseph, lou bon homet,
Non capere l'estable ,
Que mourira de fret.   Rébeillats.
   Anen bédeets aquet Enfant,
De nostres miques l'y pourtran ,
Mas bé nous eau garda dau can.
Quad seram à l'estable,
Force ribancs l'y daran ;
Lou hillet de Marie
S'en sadourera plan.   Rébeillats.
   Lous hillets y bolen ana,
Un flageou'et l'y bolen da,
Per lou enseigna à dansa ;
Hets eridereut bihore ,

A qui es lou can que nous mourdra,
Qu'es auprès de la porte,
Per nous garda d'intra.   Rébeillats.
    Mas bé se soun abenturats,
De gros tricots se soun armats,
Hets portent lous esclops herrats ;
Hets hazen grand tempeste,
Quand passaben per lou peyrat;
Lou can qu'ere à la porte
De pau s'en es anat.   Rébeillats.
    En l'estable s'en soun intrats,
Boune Marie, comme estats,
Boste marit es tout barbat ;
Aci y a praube coudine,
Boste hillet n'a pas dinat,
Prenets de nostres miques,
Que l'y aben pourtat.   Rébeillats.
    L'ayne se boute à canta,
Et lou beou se boute à dansa,
A gambada et à sauta ;
Aquo ero grand cause
De regarda lou beou dansa,
Encare d'escouta l'ayne
Qui tant bere bots a.   Rébeillats.
    Jou l'y dounai mon moribot,
Fallot l'y det son mendillot,
Peyrot l'y det son pa d'esclops,
Et Deliet sa pleine sange,
Ly det à beure Gaussemot,
Perrin l'y det sa flute,
Et Micheu son caignot.   Rébeillats.
    Très-nobles Reys l'an bisitat,

De bets escuts l'y an pourtat ,
Dedens un coffre plan barrat ;
Lou hillet de Marie
A espiat per tout coustat ;
Mas a troubat un homme
Que l'a espoubentat.   Rébeillats.

Sou dit Marie à soun Gouyat ,
Hé Diu , moun hil , qu'as-tu troubat ,
Perqué es si fort estounat ?
J'ey bis aqui un homme
Qu'ere negre comme un taupat ;
Quand j'ey bis son bisage ,
Tout lou cor m'a tremblat.   Rébeillats.

O mon hil , non te cau douta ,
Lou More te ben adora ,
Mas que tu lou bouilles baysa ;
Labats l'y donc la care ,
Que jou lou pousquy regarda ,
Jou lou baiseray are ,
Tant bet bisage a.   Rébeillats.

Adiu Marie et Joseph ,
Nourrissets plan boste hillet ,
Gardats-lou plan que n'aje fret :
Gardats-lou plan de l'ayne ,
Que nou l'y donne un cop de pé ,
Mas bé seré grand cause ,
Si lou beou lou mourdet.   Rébeillats.

Or préguan tous aquet hillet ,
Qui es tant bet , tant rousselet ,
Tant doux et tant graciouzet ,
Que pusquem a grand heste ,
Et canta Nau per l'amour det ;

Prégan à pléne teste
Aquet petit billet.   Rébeillats.

~~~~~~

NOEL NOUVEAU (1).

Air : *avec les jeux dans le village.*

Comment chanterai-je la fête
De la naissance du sauveur ?
Mon ame sera toujours prête
A lui témoigner son ardeur.
J'aperçois une troupe d'anges
Qui s'élance du haut des airs ,
Quelle est, grand Dieu , la voix étrange,
Qui vient s'unir à mes concerts (*bis*)!

Ah ! quel beau jour , ah ! quelle fête !
Pourrait-on voir des jours si beaux ?
Bergères prenez vos musettes ,
Bergers , prenez vos chalumeaux ,
A notre voix que tout s'unisse ,
A notre chant, à nos accords ,
Et que tout le ciel retentisse
De nos accens , de nos transports (*bis*).

Quittez votre retraite obscure ,
Petits oiseaux , peuple charmant ;
Ranimez toute la nature ,
Par la douceur de votre chant :
Soyez dans la réjouissance.
On ne connaît plus les hivers ,
Quand tout sourit à la naissance
Du Rédempteur du l'Univers (*bis*).

Doux rossignol de ce bocage ,
Ne crains pas la rigueur des froids ,
Reprend ta voix et ton ramage ,
Pour annoncer le Roi des Rois ;
Chantons , célébrons ses louanges ;
~~~~~~

Dans nos cœurs et dans nos concerts,
Unissons-nous avec les anges,
Dont ils font retentir les airs (*bis*).
    Dieu rédempteur, Sauveur aimable,
Qui devez paraître à nos yeux :
Quittez votre trône adorable,
Sortez de l'empire des cieux.
Traversez la voûte étoilée,
Venez habiter parmi nous ;
Attendu depuis tant d'années,
Vous ferez le bonheur de tous (*bis*).
    Au sein de la Vierge Marie,
De Dieu vous devenez enfant ;
Aux hommes vous donnez la vie,
Que c'est merveilleux ! que c'est grand !
Jeunes bergers de ce bocage,
Courez, laissez-là vos troupeaux :
A cet enfant rendez hommage,
Qui vient de vous naître au hameau (*bis*).
    Accourez, venez au village,
Malgré la nuit et les frimats,
Et que rien ne vous fasse ombrage,
Empressez-vous, hâtez vos pas :
Vous le verrez dans de vieux langes,
Cacher la beauté de ses traits,
Entouré d'une troupe d'anges
Qui sont ravis de ses attraits (*bis*).
    Cet enfant, Dieu toujours aimable,
Choisit, pour lieu de son berceau,
La crèche d'une pauvre étable ;
Il naît entre deux animaux.
Peuple heureux, quittez vos veilles,
Adorez cet enfant des cieux,
Venez lui chanter ses merveilles,
Et nous ferons à qui mieux mieux (*bis*).

F I N.

NOEL pour le jour de la naissance de Jésus-Christ.

Air connu.

Réjouissance !   *bis.*
La paix habite en ce bas lieu ;   *bis.*
Aujourd'hui, l'heureuse naissance,
Qui nous donne le Fils de Dieu :
      Réjouissance.
            Quelle merveille !   *bis.*
Mes chers pasteurs, l'entendez-vous ?   *bis.*
En fut-il jamais de pareille ?
Un Dieu vient de naître pour nous ;
            Quelle merveille !
            Dans une étable,   *bis.*
Couché sur la paille et le foin,   *bis.*
Vous trouverez ce Fils aimable,
Réduit à l'extrême besoin,
      Dans une étable.
            La voix des Anges,   *bis.*
Formait mille divins concerts,   *bis.*
Et chantait à Dieu des louanges,
Retentit par tout l'Univers,
      La voix des Anges.
      Je vous adore,   *bis.*
Jésus, mon aimable Sauveur ;   *bis.*
Votre divin secours j'implore
Et du profond de mon cœur,
      Je vous adore.

NOEL NOUVEAU.

Air connu.

Il est né le divin Enfant,
Joue hautbois ; raisonne musette ;

Il est né le divin Enfant,
Chantons tous son avénement.

    Il est né , etc.

Depuis plus de quatre mille ans
L'avait promis plusieurs Prophètes ;
Depuis plus de quatre mille ans
Nous attendions cet heureux temps.

    Il est né , etc.

Une étable est son logement,
Il se plaît parmi nos houlettes ;
Une étable est son logement ,
Pour un Dieu quel abaissement !

    Il est né , ect.

Ah ! qu'il est beau , qu'il est charmant !
Ah ! que ses grâces sont parfaites !
Ah ! qu'il est beau , qu'il est charmant !
Qu'il est doux ce Jésus naissant !

    Il est né , etc.

Il veut nos cœurs il les attend,
Il naît pour faire nos conquêtes ;
Il veut nos cœurs , il les attend,
Donnons-les lui donc promptement.

    Il est né , etc.

Partez , grands Rois de l'Orient,
Venez vous unir à uos fêtes ;
Partez , grands Rois de l'Orient,
Venez adorer cet enfant.

    Il est né , etc.

Hérode cherche l'innocent
Dans le sang des plus jeunes têtes,
Hérode cherche l'innocent :
Ah ! mères , fuyez ce tyran.

    Il est né , etc.

Nous étions enfans de Satan,
Il triomphait de ses conquêtes ;
Nous étions enfans de Satan ,
Dieu vient nous sauver par son sang.

    Il est né , etc.

Prions ce Sauveur bienfaisant,
Qui par amour paye nos dettes ;
Prions ce Sauveur bienfaisant,
Qu'il nous aime éternellement.
Il est né, etc.

AUTRE NOEL.

Air nouveau.

Un Berger.

ALLONS, pasteurs, qu'on se réveille,
Un Dieu descend dans se séjour ;
Il n'est plus temps que l'on sommeille,
Lorsque l'on voit l'astre du jour.

Chœur de Bergers.

Allons, pasteurs, etc.
    C'est la clarté de Dieu le père,
De l'esprit saint c'est le flambeau ;
Jamais la nuit ne fut plus claire,
Jamais le jour ne fut plus beau.
Allons, pasteurs, etc.
    Va te cacher, monstre barbare,
Dans les horreurs qui t'ont produit :
Tu fis le mal, Dieu le répare ;
Le jour revient, la nuit s'enfuit.
Allons, pasteurs, etc.
    L'air retentit de ses louanges ;
Venez, pasteurs, à votre tour,
Venez chanter avec les anges,
Et ses grandeurs et son amour,
Allons, pasteurs, etc

Accourez tous à son étable ,
Vous y verrez le nouveau né :
C'est pour sauver l'homme coupable
Que l'innocent s'est incarné.
Allons , pasteurs , etc.

L'humilité que sa voix prêche ,
Confond la terre et les enfers ;
Il est réduit dans une crèche ,
Lui qui comprend tout l'univers.
Allons , pasteurs , etc.

Le Roi des Rois est sans couronne ,
Le souverain est délaissé ;
Tout son éclat il abandonne ;
Il a choisi l'obscurité.
Allons , pasteurs , etc.

AUTRE NOEL.

Sur l'air : *Quand à Margot j'offre mon godebec, etc.*
ou *Quand le bon vin meuble mon estomac, etc.*

CHANTONS , chantons à haute voix Noël ;
Honneur et gloire à l'Eternel ,
Sur la terre et dans le ciel :
Une vierge incomparable
Accouche , dans une étable ,
Du Dieu d'Israël ,
Qui vient pour délivrer le mortel
Du sort le plus cruel :
C'est notre Emmannel ,
Il s'offre comme un criminel ,
Innocent comme Abel.

Allons donc voir cet adorable Enfant,
Qui , quoique faible et tout tremblant,
Est un Dieu tout puissant,
Rempli pour nous de tendresse :
Un excès d'amour le presse
De verser son sang.
Offrons-lui nos cœurs pour tout présent,
Dans cet état souffrant.
Il vient pour nous en conquérant
Ouvrir le firmament.

Divin Jésus , c'est votre charité
Qui fait que vous avez quitté
L'éclat, la splendeur , la gloire :
Vous faites notre victoire ,
Dieu de sainteté :
C'est par vous que l'homme est racheté,
Notre ennemi dompté , de la divinité
Par votre humilité ,
Votre heureuse nativité
Nous rend la liberté.

Que notre sort est un sort glorieux !
Nous voyons naître en ces bas lieux,
Le grand Maître des cieux ;
Son berceau n'est qu'une crèche :
Par ses larmes il nous prêche
Qu'il naît sous nos yeux ,
Pour sauver , par des tourmens affreux ,
Les hommes malheureux ,
Qui font pour lui des vœux
D'un amour tendre et généreux.

Courons, bergers, quittons notre troupeau,

Suivons ce merveilleux flambeau
Qui mène à son berceau.
Une Vierge devient mère
De son veritable père ;
Elle est ce marteau
Qui devait par ce fatal morceau,
Ecraser le cerveau
De l'infernal bourreau,
Qui voudrait creuser un tombeau
Pour l'innocent agneau.
    Aimons, louons cet aimable Sauveur,
Pleins de respect, pleins de ferveur,
Chantons à son honneur,
Vive, vive le Messie,
Vive ce beau fruit de vie,
Vive le Seigneur,
Qui, touché de la mort du pécheur,
Est né dans la douleur,
Pour faire son bonheur ;
Sous la forme d'un serviteur,
C'est notre rédempteur.

NOEL NOUVEAU. (2).

Sur l'air *Ah ! vous dirai-je maman*,

Célébrons en ce saint jour
Un Dieu pour nous plein d'amour,
Avant la naissante aurore
Nous le verrons éclore,
Chantons donc Noël, Noël
A l'honneur de l'éternel.

Le ciel vient d'être doré
D'une brillante clarté ;
Pour orner la naissance
D'un enfant plein de clémence.
Chantons donc, Noël, Noël,
A l'honneur de l'éternel.

Tous, jusque dans le hameau,
Nous voyons nos chers troupeaux
S'égayer dessus l'herbette,
Pour célébrer cette fête.
Chantons donc, etc.

Les plus tendres arbrisseaux
Croissent sous de verds roseaux,
Et prouvent par leurs verdures
Qu'un Dieu prend notre nature.
Chantons donc, etc.

Dans nos prés semés de fleurs
Brillent les vives couleurs,
Que le Zéphir dans nos plaines
Ranime par son haleine
Chantons donc, etc.

C'est le roi de l'univers
Qui vient pour briser nos fers ;
Et pour adoucir nos peines,
il se charge de nos chaînes.
Chantons donc, etc.

Habitans de ces contours,
Célébrez son saint amour ;
C'est dans une simple étable
Qu'est né ce maître adorable.
Chantons donc, etc.

Aux pieds d'un cher enfant,

Laissons nos cœurs pour présens,
C'est là notre unique hommage,
Il n'aime rien davantage.
Chantons donc, etc.

    Bergers courez tour-à-tour
Vers cet aimable séjour ;
Cet enfant, ce fruit de vie,
Aujourd'hui nous y convie,
Chantons donc,

    Vierge sainte, c'est à vous
Que nous nous adressons tous ;
Pour ce fils, nous voulons vivre,
Afin de pouvoir le suivre
Sur la terre et dans les cieux,
Dans le sein des bienheureux.

⁓⁓⁓⁓⁓⁓⁓⁓⁓⁓⁓⁓⁓⁓⁓⁓⁓⁓⁓⁓⁓⁓⁓⁓⁓⁓⁓

AUTRE NOEL, *en forme de dialogue.*

MARIE.

Joseph, mon cher fidèle,
Cherchons un logement ;
Le temps presse et m'appelle
A mon accouchement :
Je sens le fruit de vie,
Ce cher enfant des cieux,
Qui, d'une sainte envie,
Vient paraître à nos yeux.

JOSEPH.

    Dans ce triste équipage,
Marie, allons chercher

Par tout le voisinage
Un endroit pour loger :
Ouvrez, voisins, la porte ;
Ayez compassion,
D'une Vierge qui porte,
Votre rédemption.

Les voisins de Bethléem.

Hola, dans la bourgade,
Craignons trop le danger,
Pour donner la passade
A des gens étrangers ;
Au logis de la lune
Vous n'avez qu'à loger :
Le chien de la commune
Pourrait bien se venger.

MARIE.

Ah ! changez de langage,
Peuple de Bethléem,
Dieu vient chez vous pour gage,
Hélas ! ne craignez rien :
Mettez-vous en fenêtre,
Ecoutez ce dessein :
Votre Dieu, votre Maître
Doit sortir de mon sein.

Les voisins de Bethléem.

Non, quelque stratagême
Peut arriver de nuit,
Ou bien le tour du Bohême,
Quand le soleil ne luit :
Sans voir ni clair ni lune,
Les méchans font leurs coups ;

Gardez votre fortune,
Passans retirez-vous.

JOSEPH.

O Ciel ! triste aventure,
Sans trouver un endroit,
Dans ce temps de froidure,
Pour coucher sous le toit :
Créature barbare !
Ta rigueur lui fait tort ;
Ton cœur déjà prépare,
Avant d'être, à sa mort.

MARIE.

Puisque la nuit s'approche,
pour nous mettre à couvert,
Ah ! fuyons ce reproche ;
J'aperçois un désert,
En forme de cabane,
Allons, mon cher époux ;
J'entends le bœuf et l'âne
Qui nous seront plus doux.

JOSEPH.

Que ferons-nous, Marie,
Dans un si méchant lieu,
Pour conserver la vie
Du petit Enfant-Dieu ?
Le monarque des Anges
Doit-il naître si mal,
Sans feu, sans draps, sans langes,
Ni sans palais royal.

MARIE.

Le Ciel, je vous assure,
Pourra nous secourir ;

B

Je porte bonne augure,
Sans crainte de périr;
J'entends déjà les Anges
Qui font, d'un ton joyeux,
Retentir les louanges
Sous la voûte des Cieux.

JOSEPH.

O l'heureuse retraite !
Plus noble mille fois,
Plus riche et plus parfaite
Que le louvre des Rois !
Logeant un Dieu fait homme,
L'auteur du paradis,
Que le Prophète nomme
Le Messie promis.

MARIE.

J'entends le coq qui chante ;
C'est l'heure de minuit.
O ciel ! un Dieu m'enchante !
Je vois mon sacré fruit ;
Je pâme, je meurs d'aise :
Venez, mon bien aimé,
Que je serre et vous baise,
Mon cœur en est charmé.

JOSEPH.

Vers Joseph votre père,
Nourrisson plein d'appas,
Du sein de votre mère,
Venez entre mes bras.
Ah ! que je vous caresse,
Victime des pécheurs ;
Mêlons mêlons, sans cesse,
Nos soupirs et nos pleurs.

FIN.

NOEL NOUVEAU (3).

Sur l'air : *il faut aimer, oh ! ma tendre Zélie.*

Il faut aimer un Sauveur qui nous aime ,
Jusqu'à descendre ici bas parmi nous :
Heureux mortels, que sa tendresse extrême
Touche nos cœurs et les embrase tous.
Il faut aimer un Sauveur qui nous aime ,
Jusqu'à descendre ici bas parmi nous.

  Adorons tous un si profond mystère ,
Que la foi seule imprime dans nos cœurs
Un Dieu fait homme , une Vierge sa mère ,
Confond l'esprit et sauve les pécheurs.
Adorons tous , etc.   (*bis*).

  Joignons nos chants aux transports de l'église ,
Qui , pour ce Dieu dilate son amour :
Ce temps heureux , n'est plus un temps de crise ,
Nous triomphons à l'aspect de ce jour.
Joignons nos chants , etc.   (*bis*).

  Petits enfans ! que vos voix bégayantes
Sachent s'unir au chœur de Saint André :
Déliez-les et les rendez touchantes ;
De nos accords que tout soit pénétré.
Petits enfans , etc.   (*bis*).

  Joignez vos sons à la belle musique ,
Qu'on fait valoir aux pieds de cet autel ;
Donnez du poids à cet excellent cantique ,
Produit exprès pour louer l'Eternel.
Joignez vos voix , etc.   (*bis*).

  Que l'orgue enfin applaudisse à la fête ,
Qu'on y consacre à ce bienheureux temple ;
Que le haut-bois et la douce musette
Ne cède en rien aux autres instrumens.
Que l'orgue enfin , etc.   (*bis*).

Vous , rossignols , dont le printemps est l'ame ,
Bravez l'hiver , redoublez votre chant ;
Votre ramage augmentera la flamme
De ceux qui vont au berceau de l'enfant.
Vous , rossignols , etc.   (*bis*).

Doux agnelets qui paissez sur l'herbette ,
Par mille bonds , célébrez ce beau jour ,
Que les moutons , la tendre brebiette ,
Entr'eux d'accord , bondissent à leur tour.
Doux agnelets , etc.   (*bis*).

Vous , vermisseaux , reptiles innombrables ,
Voici le Dieu , qui de rien forma :
Unissez-vous , sautillez sur le sable ,
Votre alégresse , au nouveau né plaira.
Vous , vermisseaux , etc.   (*bis*)

Perçant soleil , et vous lune charmante ,
Qui , de vos feux remplissez l'univers ,
Repliez-vous sur la nuit triomphante ,
Qui voit tomber nos péchés et nos fers.
Perçant soleil , etc.   (*bis*).

Petits ruisseaux , abondantes fontaines ,
Qui serpentez le long de ces côteaux ,
Sachez unir , en arrosant nos plaines ,
Le doux murmure au cristal de nos eaux.
Petits ruisseaux , etc.   (*bis*).

Qu'à son berceau la nature soumise ,
Marque à son Dieu l'excès de son ardeur :
Naître pour nous , quelle heureuse surprise ;
Mais il fallait aux mortels un Sauveur.
Qu'à son berceau , etc.   (*bis*).

Quel temps serein ! quelle douce journée !
Le Dieu de paix daigne nous embrasser :
Bénissons donc sa naissance sacrée ,
Non , son amour ne saurait se payer.
Quel temps , etc.   (*bis*)

NOEL, sur l'air : *O filii et filiœ.*

C'ÉTAIT à l'heure de minuit,
Que chacun reposait sans bruit ;
Alors la Vierge accoucha, *Alleluia.*
  Alleluia, Alleluia, Alleluia.

Ah ! dans ce temps si plein d'appas,
Les anges ne sommeillaient pas,
Mais entonnaient le *Gloria*, *alleluia.*

Allez voir innocens bergers,
Disaient ces divins Messagers,
Naître celui qui tout créa, *alleluia.*

Bethléem est le sacré lieu,
Où il est né ce Fils de Dieu ;
C'est lui qui nous rachetera, *alleluia.*

Alors les pasteurs éblouis,
Se réveillent tous réjouis,
Font à qui le premier ira, *alleluia.*

Quand ils furent dans ce séjour
Eclairé du Soleil d'amour,
Chacun à genoux l'adora, *alleluia.*

Jésus était dessus du foin,
Et Joseph avait pris le soin
De serrer ce qu'on lui donna, *alleluia.*

L'étable était à découvert,
Exposée au froid de l'hiver ;
C'est là que [illegible] reposa, *alleluia.*

Après av[illegible]
Ils p[illegible]rent en [illegible]
Et Marie les remercia, *alleluia.*

NOEL NOUVEAU (4).

Sur l'air : *Il pleut, il pleut, Bergère.*

D'une nouvelle étoile,
La brillante clarté,
A trois Mages dévoile
Le Messie enfanté,
Tous trois d'intelligence,
Viennent en ce moment,
faire la révérence
Au roi du firmament.

Ce nouveau phénomène
Les conduit sans détour,
De la nature humaine,
Du Sauveur à la cour,
Le Dieu qui vient de naître,
Leur présente la main,
A baiser comme maître
De tout le genre humain.

Là-dessus les trois Mages
Rendent à deux genoux
Leurs très-humbles hommages,
Au Dieu né pour nous tous ;
Leur ferveur lui présente
Les plus riches présens,
D'or, de myrrhe excellente,
Et du meilleur encens.

A l'exemple des Mages,
Adorons le Sauveur,
Rendons-lui nos hommages,
Et que notre ferveur
Célèbre la naissance
Du fils du roi des cieux ;
Bénissons son enfance,
Et son nom glorieux.   F I N.

NOEL NOUVEAU (5).

Sur l'air : *Sous le nom de l'amitié.*

Célébrons un jour si beau,
Un Dieu sauve la terre,
Célébrons un jour si beau ;   (bis.)
Il prend Marie pour mère,
Il descend au berceau :
Célébrons , célébrons ,
Célébrons un jour si beau.

Son amour n'épargne rien ,
Pour des enfans qu'il aime ,
Son amour n'épargne rien ,   (bis.)
Sa misère est extrème ,
Pour être leur soutien ;
Son amour , son amour ,
Son amour n'épargne rien.

De nos cœurs il est jaloux ,
Allons faire l'offrande ,
De nos cœurs il est jaloux   (bis.)
Faut-il qu'il nous commande
Un sentiment si doux :
De nos cœurs , de nos cœurs ,
De nos cœurs , il est jaloux.

Loin de lui tout est affreux ,
En lui tout est aimable ,
Loin de lui tout est affreux ,   (bis.)
Sa douceur ineffable ,
Prévient même nos vœux :
Loin de lui , loin de lui ,
Loin de lui , tout est affreux.   FIN.

NOEL NOUVEAU (6).

Sur l'air : *Pour orner ma retraite.*

Sortez de vos retraites,
Bergers accourez tous,
Reprenez vos musettes,
Venez, rassemblez-vous ;
Que Sion retentisse
Des sons les plus parfaits,
La paix et la justice
S'unissent à jamais.

Cette nuit des oracles
A vu la vérité,
Hélas ! que de miracles
Ont enfin éclaté ;
Une Vierge féconde,
Mère du Tout-Puissant,
Le Créateur du monde
Sous les traits d'un enfant.

Le bras, qui de la terre
posa le fondement,
Dans ce lieu, son tonnerre
Paraît être impuissant :
Respectons sa faiblesse,
Ce Dieu compatissant,
Voulait notre tendresse,
Il se montre en enfant.

Célébrons ses louanges,
Dans nos tendres concerts,
Chantons avec les Anges,
Le Dieu qui rompt nos fers ;
A nos chants d'alégresse,
Bergers unissez-vous :
Votre voix l'intéresse,
Les cieux en sont jaloux.

Que votre ardeur soutienne
Nos timides efforts ;
Que tout le peuple vienne
Se joindre à nos accords :
De notre commun maître ,
Chantons tous les bienfaits ,
Qu'il daigne ici renaître ,
Qu'il y règne à jamais.

AUTRE NOEL.

Sur l'Air : *Bergers, célébrons ce grand jour.*

Allons à l'Etable à l'instant ,
Allons tous à l'Etable ;   *bis.*
Il vient d'y naître un bel enfant ,
Pour nous tout adorable :
Portons la myrrhe et l'encens ,
L'odeur très-agréable. Allons à l'Etable , etc.

Déjà tous les bergers y sont ,
Jouant de leurs musettes ,   *bis.*
Accompagnant par leurs doux sons
La musique céleste ;
Avec eux nous célébrons
Cette nouvelle fête. Déjà tous les bergers , etc.

Venez , peuple de la Judée ,
Venez tous à l'Etable ,   *bis.*
Publiez dans votre contrée ,
Qu'un enfant tout aimable
Du ciel nous est envoyé ,
Qu'il est tout aimable. Venez , peuple , etc.

Vous Gentils , venez adorer
Ce Roi qui vient de naître ;   *bis.*

Le Juif va le rejeter ,
Venez le reconnaître.
Son joug est aisé à porter ;
Suivons donc ce doux Maître.
   C'est Marie qui nous a donné
Ce Sauveur adorable :
Pour nous quelle heureuse journée ;
A jamais mémorable !
C'est Marie qui nous a donné
Ce Messie adorable.   C'est Marie , etc.
   Adorons tous ce doux Jésus ,
Révérons son enfance ;
Efforçons-nous de plus en plus
A chanter sa naissance :
Adorons de ce doux Jésus ,
Son admirable enfance. Adorons tous , etc.

NOEL

Sur l'Air : *Une Vierge pucelle.*

J'ENTENDS la voix d'un Ange ,
     qui fait grand bruit ;
C'est Gabriel Archange
     qui m'avertit ,
Qu'à Bethléem , dans une triste étable ,
     naît le Sauveur aimable ,
     depuis long-temps promis.
   Tout le monde au village
     était dormant ;
Je doublais mon courage ,
     en l'éveillant :

Etant levé, nous prîmes tous la route
    de l'étable sans voûte
      où gissait cet enfant.
    Accordant nos musettes,
      nos chalumeaux,
Laissant là nos houlettes
    dans nos hameaux ;
Abandonnant troupeaux, femmes et ménage,
    et portant au message
      un agneau des plus beaux,
    Nous trouvâmes à la crèche
      un beau poupon,
Sur de la paille sèche,
    près d'un ânon ;
Tout près l'Enfant était Marie sa mère
    pleurant sur sa misère,
    Joseph en oraison.
    Non, jamais de la vie,
      rien de si beau
Que Joseph et Marie
    près du berceau.
Je n'ai jamais rien vu de comparable,
    à ce Sauveur aimable,
Brillant comme un flambeau.
    J'entendis dans les airs
      des chants joyeux,
Entonner des concerts
    mélodieux :
Tous répétaient un cantique bien tendre,
    qui nous enseigne à rendre
    gloire au plus haut des Cieux.

~~~~~~

NOEL

Sur l'air : *Ne crois pas qu'un bon mariage.*

NE crains plus, monde coupable,
Les coups d'un Dieu redoutable ;
Son Fils, au pécheur semblable,
Vient pour désarmer son bras
Dans le recoin d'une étable.

Il naît au sein des frimas ;
Accourez, bergers fidèles,
Cet Enfant-Dieu vous appelle :
Qu'une faveur si nouvelle
Redouble en vous son amour.

L'obscurité, l'indigence,
L'humilité, la souffrance
Qui nous cachent sa puissance,
Donnent à tous l'espérance
De le posséder un jour.

A l'Éternel rendons grace,
De son Fils suivons les traces ;
Qu'à Jésus tout cède place ;
Seul il fait notre bonheur :
De tout sans peine se passe,
Quand Jésus est dans le cœur.

~~~~~~

NOEL NOUVEAU. (7)

DIEU s'est fait enfant,
O ciel quel mystère !

Quoi le tout-puissant
Naît dans la misère,
Un peu de foin est son lit,
Une étable est son réduit.

Quel excès d'amour
Pour la créature :
Du plus beau séjour
Quitter la demeure,
Et venir s'humilier
Afin de nous racheter.

Ah ! n'afflige plus
Mortels trop coupable,
Ton divin Jésus
Ton Sauveur aimable,
Sois pour lui brûlant d'amour
Pour le payer de retour.

Ce divin Sauveur,
Pour nous tous endure,
Il n'est point d'injure
Qu'on ne lui fasse souffrir,
Jusqu'à le faire mourir.

Marie à vos soins
Je remets mon ame,
Dans tous ses besoins
Chacun vous réclame ;
Daignez nous défendre tous
Contre le Serpent jaloux.

FIN.

NOEL NOUVEAUr (8).

Sur l'air : *Il pleut, il pleut, Bergère*,

De tristesses et d'alarmes,
Après bien des hivers
Le ciel finit nos larmes
Et donne à l'univers,
Selon la prophétie,
pour nous quelle faveur
L'enfant, Dieu messie
Notre aimable Sauveur.

De la tour éternelle
L'archange Gabriel,
Apprend cette nouvelle
A la reine du ciel ;
Elle écoute en silence
Cet envoyé des cieux.
Dans son ame, elle pense,
Que veut-il en ces lieux ?

Vous êtes, ô Marie,
Lui dit ce messager,
De la grâce remplie.
Je dois vous anoncer,
Qu'un Dieu vous veut pour mère,
Ouvrez-lui votre sein,
Et doit par ce mystère,
Sauver le genre humain.

Je suis l'humble servante
Du maître tout-puissant,

Je me trouble et m'enchante
De l'avoir pour enfant.
Selon votre parole
Qu'il vienne jusqu'à moi,
Il sera le symbole
D'une plus douce loi.

Dans l'un et l'autre monde,
Gloire au verbe incarné ;
De la vierge féconde
Il vient d'être formé,
Mêlons aux cœur des Anges
Nos concerts et nos voix.
célébrons les louanges
Du fils du roi des rois.

AUTRE NOEL

Sur l'air : *Faut attendre avec patience.*

QUEL beau jour le Ciel nous dispose !
Qu'il a de charmes, de douceurs !
N'en doutons pas, il se propose
De metre la paix dans nos cœurs.
Consolons-nous, c'est Dieu le père,
Qui veut nous envoyer son Fils, Et nous tirer de la
misère, Où le péché nous avait mis.   *bis.*

Tout éclatant de sa puissance, Des anges envoyés
des Cieux, Courent annoncer sa naissance, Et viennent
habiter ces lieux. Pour l'enfant-Dieu de la lumière,
Il ordonne que le berceau, Au coin d'une pauvre
chaumière, Soit mis entre deux animaux.   *bis.*

Rassemblez-vous à cette fête, Jeunes bergers, ac-
courez tous; Pour qu'il vous puisse aimer sans fin,
Vous seuls êtes mon bien suprême;
Tout autre objet est changeant et trompeur;
Et l'on ne peut trouver ni de paix ni de douceur;
Hélas! qu'en vous aimant comme il faut qu'on vous
    aime.

      Allez plaisirs, allez honneurs,
      Quittez-moi, commerce profane,
      Puisque mon Jésus vous condamne,
      Je vous éloigne de mon cœur;
      C'est la grâce que je veux suivre,

Et ne veux plus résister à ses traits:
Et bien loin de vous fuir, frappez, Seigneur, frappez.
Hélas! plutôt mourir, s'il faut loin de vous vivre.

~~~~~~

AUTRE NOEL

Sur l'air : *Je suis Lindor.*

Semblable à nous un Dieu vient de paraître;
A son berceau courons pour l'adorer;
De son amour osons tout espérer,
Puisque l'amour seul pour nous l'a fait naître.

De cet Enfant l'admirable naissance
Rend à la terre un bonheur assuré;
Ouvre le ciel par nos crimes fermés,
Et de l'enfer renverse la puissance.

Pour arriver à la gloire qu'il donne,
Si nous voulons apprendre le chemin,
~~~~~~

Suivons les pas de cet Enfant divin ;
A ce prix seul on obtient la couronne.
  Divin Jésus, recevez les hommages
Que l'Univers vous offre en ce jour ;
Embrasez-nous de cet ardent amour
Qui conduisait les Bergers et les Mages.

AUTRE NOEL

Sur l'air : *Partez, puisque Mars vous l'ordonne.*

Naissez, l'amour vous y convie ;
Naissez pour changer nos destins :
O grand Emmanuel! divin fils de Marie,
Venez pour réparer les pertes des humains.
Naissez, l'amour vous y convie ;
Naissez, pour changer nos destins.
  Le ciel est sensible à nos larmes ;
Le Ciel nous accorde un Sauveur.
Cette charmante paix succède à nos larmes.
Et pour fortune va combler notre bonheur.
     Le Ciel, etc.
  Il naît ce Messie adorable ;
Il naît, ce grand Dieu fait enfant ;
Pouvait-il, ô mortel, se rendre plus aimable ?
Et pour racheter, il se livre en naissant.
     Il naît, etc.
  Pour nous, jusqu'à nous il s'abaisse ;
Pour nous il s'immole aujourd'hui :
Chantons tous à jamais l'excès de sa tendresse :
Que sans cesse nos cœurs brûlent d'amour pour lui.
     Pour nous, etc.

AUTRE NOEL

Mystères et solennités de la Religion.

Sur l'air : *Sans l'Espérance.*

Dans cette étable, que Jésus est charmant ;
Qu'il est aimable dans son abaissement !
Que d'attraits à la fois ! non, les palais des Rois
N'ont rien de comparable aux beautés que je vois
      Dans cette étable.

Que sa puissance reluit bien en ce jour,
Malgré l'enfance où l'a réduit l'amour !
L'enfer déconcerté, notre ennemi dompté,
Font voir qu'à sa naissance, rien n'est plus redouté
      Que sa puissance.

Plus de misère : un Dieu souffre pour nous,
Et de son père désarme le courroux ;
C'est pour notre bonheur qu'il est dans la douleur ;
Pouvait-il, pour vous plaire, unir à sa grandeur
      Plus de misère ?

S'il est sensible, ce n'est qu'à nos malheurs ;
Le froid horrible ne cause point ses pleurs ;
Après tant de bienfaits, notre cœur, aux attraits
D'un amour si visible, doit céder désormais,
      S'il est sensible.

Que je vous aime ! peut-on voir vos appas,
Beauté suprême, et ne vous aimer pas ?
Puissant Maître des Cieux, embrasez-moi des feux
Dont vous brûlez vous même ? Ce sont là tous mes vœux.
      Que je vous aime !

NOEL, *ou* Paraphrase du *Magnificat*,

Sur l'air : *Or nous dites, Marie.*

Mortel, entends Marie,
Qui dit danss son bonheur,
Mon ame glorifie
Ton aimable Sauveur :
Pour donner des louanges
A un Dieu dont l'éclat
Fait trembler tous les Anges
Chantons : *Magnificat.*

Le Ciel m'a distinguée
Entre les Fils d'Adam ;
La sagesse incréée
Veut être mon Enfant.
Dieu, dans mon sein s'a-
    baisse,
Et toujours mon esprit
Et ma langue sans cesse
Dit : *Et exultavit*, ete.

De son humble servante
Dieu voyant le néant,
Il lui plît que j'enfante
Son Verbe si charmant,
Aussi toujours la terre
Vantera mon crédit ;
S'il quitte son tonnerre,
C'est *Quia respecxit, etc.*

Le Tout-Puissant signale
Sur l'homme sa bonté,

Et me rend sans égale,
Voilà sa volonté ;
Le Messie pour Mère,
Aujourd'hui m'a choisie,
L'Univers me révère :
Quia fecit mihi, etc.

Et la miséricorde
De ce Dieu éternel,
Se répand, se déborde,
Voulant être mortel ;
Transporté d'alégresse
Pour voir cet enfant-là,
Implorez sa tendresse :
Et misericordia, etc.

Mais si quelqu'un se flatte
De voir un Dieu si doux,
Son bras puissant éclate,
Et bannit le courroux ;
Témoin du fait peut-être,
Le superbe satan ;
Dieu le punit en traître :
Fecit potentiam, etc.

Dieu renverse par terre
Les plus superbes Rois,
Soit en paix, soit en guerre
S'ils méprisent ses lois ;
Le pauvre a ses caresses,

Et pour son propre fruit,
Il obtient des largesses ;
Chantons : *Deposuit, etc.*
   Si Dieu n'a que caresses
Pour les cœurs innocens ,
S'il donne ses richesses
Aux pauvres gémissans ,
Les riches en abondance
Sont toujours affamés ;
Dieu voit leur indigence :
Et esurientes, etc.
   Nous taisons la malice
Du malheureux pécheur ;
Dieu calme sa justice ,
Et cède à son ardeur ;
Car il veut se faire homme,
Pour nous ouvrir le Ciel ;
Oh ! quelle heureuse som-
   me !
Suscepit Israel, etc.
   Abraham , notre père,
Aux Limbes descendit,
Avec son Fils espère

Du Rédempteur le fruit ;
C'est de Dieu la promesse ,
Et le Fils est tout prêt
A montrer sa tendresse :
Sicut locutus est, etc.
   Chantons donc gloire au
     Père ;
Au Fils le Rédempteur,
Dont je suis fille et mère
Par un si grand bonheur ;
Gloire à l'esprit paisible ,
Qui mon sang purifia ,
Formant un corps paisi-
   ble ,
Chantons tous : *Gloria.*
   La terre désolée
Par le péché d'Adam ,
Se trouve réparée
Par un céleste Enfant ;
Satan quitte sa place ,
Car voilà le contrat :
L'homme remis en grace ,
Sera : *Sicut erat, etc.*

~~~~~~~~~~~~~~~~~~~~~~~~~~~~

NOEL NOUVEAU. (9).

Sur l'air : *Du Gloria.*

Oh ! Bergers que je trouve étrange,
De vous voir encore endormis ,
Quoi ! n'entendez vous pas les Anges ?
~~~~~~~~~~~~~~~~~~~~~~~~~~~~

Qui ont chanté toute la nuit.
Gloria in excelsis Deo.

On dit qu'un Dieu vient de paraître,
Dans notre hameau désolé,
Et pour nous tous il vient de naître
Afin de nous consoler.
Gloria, etc.

Adam ayant mangé la pomme
Que Dieu lui avait défendu
pour nous sauver il s'est fait homme
Et brûle pour notre salut,
Gloria, etc.

Ce mystère est inconcevable
A notre entendement,
Qu'il soit venu dans une étable
Éprouver les rigueurs du temps.
Gloria, etc.

Allons adorer son enfance;
Offrons-lui nos cœurs pour présent,
Et que notre reconnaissannce
Lui soit rendue par ce doux chant.
Gloria, etc.

AUTRE NOEL

Sur l'air : *Nos moutons qui dans la plaine, etc.*

BERGERS, venez à l'Etable,
Abandonnez vos troupeaux;
Pour voir un Enfant aimable,
Apportez tous des langes et des drapeaux,
Sortez tous de vos retraites,
Jouant de vos chalumeaux;
Accordez tous vos musettes,

Formez des concerts nouveaux ;
Prenez aussi vos cliquettes,
Jouez de vos concertaux,   bis.
   Ne voyez-vous pas l'Etoile
Qui reluit sur la Judée ?
Elle excite votre zèle,
Persuade notre idée ;
Sur Bethléem elle réside,
Elle vous servira de guide,
Pour vous conduire à l'entrée
Du lieu où l'Enfant préside ;
Ah ! quelle heureuse nuitée !   bis.
   C'est le doux Sauveur du monde,
Qu'Isaie nous a prédit :
Son humilité profonde
Est tout ce qu'il en a dit :
Le Fils de l'Etre suprême,
Nous n'en devons plus douter ;
Rempli d'un amour extrême,
Il vient pour nous racheter,
Et pour nous sauver lui-même,
Il a voulu s'abaisser.   bis.

   Marie, cette Vierge pure,
Qui de tout temps fut choisie
Par l'Auteur de la nature,
Pour nous donner le fruit de vie ;
Est une vie adorable,
Sortie du tronc de Jessé,
Tout d'ivoire inébranlable,
Portant dans son flanc sacré ;
L'auteur du jour mémorable
Où l'Enfer fut terrassé.   bis.

   Lucifer, rempli de rage,
Voyant naître le Sauveur,
Sur la terre fait ravage,

Et sème par-tout l'erreur :
Mais en vain veut-il l'emporter ;
Son cœur est rempli de haine ;
Il ne peut plus supporter
Qu'un enfant brise la chaîne
Que lui-même a su forger   bis.

    Nous voici près de l'Etable ;
Où git cet aimable Enfant,
Dans un état pitoyable,
Quoique le Fils du Tout-Puissant ;
Présentons-lui nos hommages,
Portons la myrrhe et l'encens :
Donnons-lui nos cœurs pour gage,
C'est le plus pur des présens :
Pour nous quel heureux présage,
S'il daigne en être content !   bis.

    Doux Jésus rempli de gloire,
Vous êtes le Roi des Cieux ;
Vous remportez la victoire
Par un triomphe glorieux :
Devant vous les démons tremblent,
Et craignent votre courroux,
Vous révérant à genoux ;
Avec eux nos cœurs s'enflamment,
Pour vous chanter nuit et jonr.   bis.

* * *

AUTRE NOEL

Sur l'air : *Petits oiseaux, rassurez-vous.*

PETIT enfant, divin Jésus,
Fils adorable de Marie,
Vous êtes l'auteur de ma vie,
Et le tendre objet de mes vœux ;
Mon cœur tout embrasé de flamme,

Ne veut désormais brûler que pour vous ;
Et si votre bonté vous fit naître pour nous tous,
Naissez, Seigneur, naissez aujourd'hui dans mon
ame,
Divin objet de mon amour,
Lorsque mon ame vous contemple,
Elle voudrait à votre exemple,
Aimer et souffrir à son tour :
La bassesse de votre crèche
Me fait rentrer dans mon abaissement ;
Et lorsque je vous vois naître pauvre et souffrant,
Hélas ! qu'en cet état votre exemple me prêche !
Amour ardent, amour divin,
Amour que rien n'a pu comprendre,
Rendez mon cœur sensible et tendre,
Pour qu'il vous puisse aimer sans fin.
Vous seul êtes mon bien suprême ;
Tout autre objet est changeant et trompeur,
Et l'on ne peut trouver de paix ni de douceur,
Hélas ! qu'en vous aimant comme il faut qu'on
vous aime.
Allez, plaisirs, allez, honneurs,
Quittez-moi, commerce profane ;
Puisque mon Jésus vous condamne,
Je vous éloigne de mon cœur ;
C'est la grace que je veux suivre,
Et ne veux plus résister à ses traits ;
Et bien loin de vous fuir, frappez, Seigneur, frappez :
Hélas ! plutôt mourir, s'il faut loin de vous vivre.

AUTRE NOEL.

Sur l'air : *Ne vous étonnez pas*, etc.

Pour un maudit péché
L'Auteur de la nature,
Pour un maudit péché
Jésus-Christ est couché
Tout nu dessus la dure,
Ah ! qu'il me fait pitié !
Dedans une masure
Caché.

Ce petit Dieu d'amour
Se charge de nos chaînes,
Ce petit Dieu d'amour
Vient nous donner secours,
Et soulager nos peines ;
Ayons donc du retour
Pour un Dieu qui nous aime
Toujours.

Il naît dans le recoin
Du débris d'une étable,
Il naît dans le recoin
Sur la paille et le foin.
Sa bonté charitable
L'a réduit à ce point,
Il veut, ce Fils aimable,
Nos soins.

Il n'a pas de berceau,
Le poupon de Marie,
Il n'a pas de berceau,
Cet innocent agneau.
Il commence une vie
Entre deux animaux,
Languissante et suivie
De maux.

Trois Mages d'Orient
Ont eu la nouvelle,
Trois Mages d'Orient
Ont porté leurs présens.
L'un lui donne la myrrhe,
L'un l'or, l'autre l'encens,
Et tous ensemble adorent
L'Enfant.

Les pasteurs d'alentour
Font entr'eux une bande,
Les pasteurs d'alentour
Viennent faire leur cour
A même temps que l'Ange
Leur dit le séjour ;
Criminel, sans plus atten-
Y court.   (dre,

Il attache ses yeux
Dessus l'aimable face,
Il attache ses yeux,
En dépit des envieux,
Dessus la belle glace
De ce miroir précieux,

C

Qui nous fait voir la grace Long-temps.
Des Cieux.
    Tous les bergers de peur

    Il adore l'Enfant De ne pouvoir y être,
Et salue la Mère, Tous les bergers de peur
Il adore l'Enfant De ne voir ce Sauveur,
Qui vient donner son sang Accourent et lui portent
Pour appaiser son Père, Ce qu'ils ont de meilleur,
Que le péché d'Adam Mais le premier lui laisse
Avait mis en colère Son cœur.

AUTRE NOEL

Sur l'Air: *L'Amour est une folie.*

Un Berger.

Du haut des Cieux, quelle lumière
A ce moment frappe mes yeux;
Je ne peux fermer la paupière,
Tant elle éclate dans ces lieux.
Mais, qu'entends-je! quels sons étranges!
Quels doux, quels ravissans concerts!
Sans doute, c'est la voix des Anges,
Qui, par des chants et des louanges,
Font ainsi retentir les airs. *bis.*

L'Ange.

Ne craignez pas, bergers fidelles!
Aux plaisirs livrez vos cœurs;
J'apporte l'heureuse nouvelle
De la naissance du Sauveur;
Tout près d'ici dans une étable,
Sur la paille et le foin couché,

Vous verrez l'Enfant adorable
Le Dieu tout bon et tout aimable
Qui doit abolir le péché   *bis.*

LE BERGER.

Quel inconcevable mystère,
En ce jour me découvrez-vous
Dans la souffrance et dans la misère,
Un Dieu vient pour nous sauver tous;
C'est donc ainsi que devait naître
Le puissant Vainqueur des Enfers?
A ces traits qui peut reconnaître
L'éternel, le souverain Maître,
Le Créateur de l'Univers.   *bis.*

L'ANGE.

C'est par amour, non par faiblesse
Qu'il s'est réduit à cet état,
C'est pour vous marquer sa tendresse
Qu'il se montre à vous sans éclat;
Il partage votre indigence,
Vos larmes, votre obscurité;
Pour que, vivant dans l'innocence,
Vous trouviez un jour l'abondance
La gloire et la félicité.   *bis.*

L'ANGE.

Gloire au Très-Haut dans l'Empire,
Pour ce chef-d'œuvre de ces mains;
Qne la paix au Ciel retire,
Redescende chez les humains;
Jésus naissant te l'a donnée,
Gage du bonheur à venir:

Terre, sois en toute étonnée,
Et de cette heureuse journée,
Garde à jamais le souvenir.   *bis.*

Le Berger aux autres Bergers.

Bergers, sans tarder davantage,
Laissons ici notre troupeau,
Et courons rendre un tendre hommage,
Tous ensemble, à l'Enfant nouveau;
C'est votre Dieu, c'est votre père,
De vos désirs l'unique objet;
Celui que tout le monde espère;
De sa naissance salutaire
Nous sentirons l'heureux effet.   *bis.*

Les Bergers s'entredisent.

Mais quel présent pouvons-nous faire,
Et que lui porter aujourd'hui?
Qu'avons-nous qui puisse lui plaire?
Qu'est-il qui soit digne de lui?
Du miel, du beurre, du fromage
Quelques fruits secs: voilà, je crois,
Avec un peu de jardinage,
Tout notre avoir, rien davantage,
Mais qu'est-ce pour le Roi des Rois?   *bis.*

Un Berger répond

De tous nos dons qu'aurait à faire
De tous les biens, le Créateur;
Le seul qui peut le satisfaire,
C'est l'hommage de notre cœur;
Il n'exige rien davantage,
Donnons-le lui tous en ce jour.

C'est son trône, son héritage ;
Qu'il le possède sans partage,
Q'il règne à jamais, son amour !   *bis.*

Les Bergers à l'Enfant.

O vous, qu'autrefois annoncèrent
Les Patriarches nos aïeux,
Vous, en qui seul il espérèrent :
Ah ! nous vous voyons de nos yeux ;
Divin Enfant ! votre naissance,
A jamais nous va rendre heureux ;
Puisse notre reconnaissance
Egaler votre bienfaisance ;
Recevez nos cœurs et nos vœux.   *bis.*

A MARIE.

A vous aussi, Vierge féconde,
Aujourd'hui nous avons recours ;
Auprès du Redempteur du monde,
Accordez-nous votre secours,
Si le Fils éternel du Père
Qu'adorent les Saints triomphans,
Par amour s'est fait notre frère,
Vous devez être notre mère,
Souvenez-vous de vos enfans.   *bis.*

LES BERGERS.

Aux doux transports d'alégresse,
Chers amis, livrons notre cœur,
Et par-tout publions sans cesse
Les bontés du Dieu Rédempteur ;
Aidé de sa puissante grace,

Toujours brûlant de son amour,
Suivons la route qu'il nous trace,
Pour occuper enfin la place
Qu'il veut nous accorder un jour.　　　　*bis.*

~~~~~~

NOEL NOUVEAU (10).

Sur l'air : *du Déserteur.*

A la plus vive alégresse ,
Bergers livrons nos cœurs ,
Le Ciel jusqu'à nous s'abaisse
Et nous envoie un Sauveur.
Sa main vient sécher nos larmes ;
Son front bannit les alarmes ,
De nos biens il est l'auteur.
Son front , etc.　　　　　　　　　　(bis)
　Lève désormais la tête ,
Sion reprends ta beauté ;
Voici la plus belle fête ,
Voici le jour souhaité ;
Voici la plus belle fête.　　　　　(bis).
A la plus vive alégresse.　　　　　(bis).
　Désormais dans la prairie ,
L'agneau sans crainte des loups ,
Broutera l'herbe fleurie ;
Jésus les rendra si doux :
Broutera l'herbe fleurie.　　　　　(bis).
A la plus vive alégresse.　　　　　(bis).
　Son berceau , notre espérance ,
Est le trône dont son cœur ,
Touché de notre indigence ,
~~~~~~

Finira notre malheur :
Touché de notre indigence.   (bis).
A la plus vive alégresse,   (bis).
  Les fers de notre esclavage
Tombent de nos faibles mains ;
De cet enfant, c'est l'ouvrage,
Il vient sauver les humains :
De cet enfant, c'est l'ouvrage.   (bis).
A la plus vive alégresse.   (bis).
  Liberté si désirable,
Don du Ciel si précieux ;
L'homme n'est plus misérable,
Quand tu parais à ses yeux :
L'homme n'est plus misérable.   (bis).
A la plus vive alégresse,   (bis).
  Grand Dieu reçois nos hommages,
Et les vœux de notre cœur !
Pour en faire un digne usage,
Nous chanterons ta grandeur :
Pour en faire un digne usage.   (bis).
A la plus vive alégresse,   (bis).

F I N.

* * *

AUTRE NOEL

Sur l'air : *A la venue de Noël.*

Adorons tous un Dieu naissant,
Qui vient souffrir pour nous sauver ;
Et qui nous ouvre en s'abaissant,
Le chemin de nous élever.
  Pour sauver l'homme criminel,

Et pour nous montrer son amour,
L'unique Fils de l'Eternel
S'est fait mortel dans ce beau jour.

Jour heureux mille et mille fois,
Où les Anges à son berceau,
Confondant leurs célestes voix,
Chantaient un cantique nouveau.

Gloire soit, disaient-ils, aux Cieux,
Louanges à Dieu soient à jamais,
Puisqu'il daigne dans ce bas lieu
Donner les douceurs de la paix.

La pauvre crèche est son berceau,
Son lit royal, un peu de foin;
Et par un miracle nouveau,
Un Dieu souffre dans le besoin.

Un Dieu qui créa l'Univers,
Et dont la divine bonté
Nourrit les oiseaux dans les airs,
D'un peu de lait est substanté.

J'aperçois d'abord des pasteurs
Quitter le soin de leurs troupeaux,
Pour venir immoler leurs cœurs,
Aux pieds de ce divin Sauveur.
Les Mages ensuite font voir
Que poussés d'une même ardeur,
Ils viennent rendre leurs devoirs
A cet unique Rédempteur.

Ainsi tous viennent en ce lieu,
Juifs et Gentils, Rois et Pasteurs,
A l'honneur de cet Enfant-Dieu,
Brûler leur encens et leurs cœurs!

Et nous, dans ce temps fortuné,
Allons tous d'une même voix,
De ce Dieu qui nous est donné,
Aimer et recevoir les lois.

Ce Verbe de Dieu fait mortel,
De deux peuples n'en fait qu'un ;
Et qui dresse autel contre autel,
Avec lui n'a rien de commun.

Venez donc, ô divin Enfant !
Venez terminer nos malheurs ;
Venez, comme un Roi triomphant,
Changer et réunir nos cœurs.

Et vous, Mère du bel amour,
C'est par l'ardeur de votre foi,
Que vous nous donnez en ce jour
Cet Enfant, cet aimable Roi.

Obtenez-nous de sa bonté,
Que nous puissions tous désormais,
Tous dans une même pitié,
Venir à l'éternelle paix.

AUTRE NOEL

Sur l'air : *Mon père, je viens devant vous.*

Paix sur la terre et dans les cieux ;
Gloire dans les airs et sur l'onde ;
Que tout retentisse en ces lieux,
Et soit dans une joie profonde.   *bis.*
De l'Enfant-Dieu qui nous est né,
Célébrons le jour fortuné.   *bis.*

L'hiver chasse au loin les rigueurs
Qu'un doux zéphir fait disparaître ;
Nous allons goûter les douceurs
Sous les lois de ce divin Maître.   *bis.*
De l'Enfant-Dieu, etc.

Dans le doux calme de la nuit,
Des Cieux par une troupe d'Anges,
Pour nous annoncer à grand bruit

Qu'il est caché dans de vieux langes.   *bis.*
De l'Enfant-Dieu , etc.
        Cette chair d'humilité
Nous apprend que dans cette vie ,
Il faut aimer la pauvreté ,
Et que rien ne nous fasse envie.   *bis.*
De l'Enfant-Dieu , etc.
        Peuples , suspendez vos soupirs ,
Dieu vient mettre fin à vos larmes ;
Et répondant à vos désirs ,
Le Ciel vous ouvre tous ses charmes.   *bis.*
De l'Enfant-Dieu , etc.
        Bergers , rassemblez vos troupeaux ,
Et dans la plaine qu'ils bondissent ;
Que la fête soit aux hameaux ,
Et que les échos retentissent.   *bis.*
De l'Enfant-Dieu , etc.
        Allez autour de son berceau
Célébrer, chanter sa naissance ;
Sur votre léger chalumeau ,
Marquez votre reconnaissance.   *bis.*
De l'Enfant-Dieu , etc.
        Conduis par son brillant flambeau ,
Les Rois courent à sa naissance ;
Prosternés au pied du berceau ,
Ils y déposent leur puissance.   *bis.*
De l'Enfant-Dieu , etc.
        Aimable Enfant , sauvez-nous tous
Dans le hameau et dans l'Empire ;
Conservez-nous , protégez-nous ,
Veillez sur ce qui respire.   *bis.*
Que votre amour , votre bonté ,
Nous conduise à l'Eternité.   *bis.*

TABLE.

Les nouveaux Noëls , imprimés pour la première fois , sont désignés en tête par les numéros (1) , (2) , (3) , etc.

FIN de la table.

* 9 7 8 2 0 1 2 8 4 1 4 8 2 *